S. Balamurugan

Princípios das tecnologias de cadeia de blocos, bitcoin e criptomoeda

S. Balamurugan

Princípios das tecnologias de cadeia de blocos, bitcoin e criptomoeda

ScienciaScripts

Imprint

Any brand names and product names mentioned in this book are subject to trademark, brand or patent protection and are trademarks or registered trademarks of their respective holders. The use of brand names, product names, common names, trade names, product descriptions etc. even without a particular marking in this work is in no way to be construed to mean that such names may be regarded as unrestricted in respect of trademark and brand protection legislation and could thus be used by anyone.

Cover image: www.ingimage.com

This book is a translation from the original published under ISBN 978-620-2-31392-6.

Publisher:
Sciencia Scripts
is a trademark of
Dodo Books Indian Ocean Ltd. and OmniScriptum S.R.L publishing group

120 High Road, East Finchley, London, N2 9ED, United Kingdom
Str. Armeneasca 28/1, office 1, Chisinau MD-2012, Republic of Moldova, Europe
Printed at: see last page
ISBN: 978-620-7-99392-5

AUTOR

O Dr. S. Balamurugan é Diretor de Investigação e Desenvolvimento na Mindnotix Technologies, Índia. **Publicou** mais de **150 artigos** em várias revistas e conferências internacionais **e é autor ou coautor de 12 livros.** Atualmente, está a trabalhar na autoria de mais três livros. Como Diretor de Investigação e Desenvolvimento na Mindnotix, ele e a sua equipa ganharam o **CSI Young IT Professional Award 2017 para a Região 7, apresentado pela Computer Society of India**, Coimbatore Chapter. Recebeu também o **prémio de melhor investigador** da I ARA, o **certificado de excecionalidade** da ASDF, **o prémio de jovem cientista** e o **prémio de melhor jovem investigador**. Recebeu um doutoramento **honorário** pela sua contribuição significativa para a investigação e o desenvolvimento da sociedade e foi selecionado para o **prémio de melhor diretor de 2018**. Durante os seus estudos de bacharelato no PSG College of Technology, na Índia, desempenhou as funções de secretário-adjunto da ITA. Entre 2013 e 2016, conduziu um projeto de consultoria na área da saúde para os Hospitais VGM e os seus actuais projectos de investigação incluem **"Women Empowerment using IoT", "Health-Aware Smart Chair", "Advanced Brain Simulators for Assisting Physiological Medicine", "Designing Novel Health Bands"** e "IoT -based Devices for Assisting Elderly People". As suas actividades profissionais incluem funções como co-editor, membro do conselho editorial e/ou revisor em **mais de 100 revistas e conferências internacionais e** em **2 editoras de livros.** Foi presidente de sessão convidado em mais de 25 conferências e foi convidado como **convidado principal/pessoa de recurso** por muitas faculdades filiadas na Universidade de Anna e na Universidade de Bharathiyar. A sua biografia consta da lista do **"World Book of Researchers" 2018, Oxford, Reino Unido, e da edição de 2018 do "Marquis WHO'S WHO", Nova Jérsia, EUA**. Os seus interesses de investigação incluem a modelação de objectos, a realidade aumentada, a Internet das Coisas, a análise de grandes volumes de dados, a computação em nuvem e a computação vestível. É membro vitalício da ACM, IEEE, ISTE e CSI. É autor de um capítulo num livro internacional **"Information Processing" publicado pela I.K. International Publishing House Pvt. Ltd, Nova Deli**, Índia, 978-81-906942-4-7. É autor de 4 livros intitulados **"Principles of Social Network Data Security"**, ISBN: 978-3659-61207-7 e **"Principles of Scheduling in Cloud Computing"**, ISBN: 978-3-639-66950-3 e **"Principles of Database Security"**, ISBN: 978-3-639-76030-9, **"Principles of Security in Cloud Computing"**, ISBN: 978-3-639-51864-1

SOBRE O LIVRO

Este livro é um guia ideal para B.E.. B.Tech., B.S., B.Sc, B.C.A., estudantes de ciências e engenharia informática, tecnologia da informação, eletrónica e engenharia de comunicações que queiram fazer projectos sobre tecnologias de blockchain, bitcoin e criptomoeda. Os estudantes que frequentam programas de pós-graduação em ciências e engenharia, M.E., M.Tech., M.S., M.Sc. e M.C.A. considerarão este livro útil para os seus projectos. Os investigadores que trabalham no domínio das tecnologias de cadeia de blocos, bitcoin e criptomoeda considerarão este livro uma referência útil para os seus trabalhos de investigação de mestrado, doutoramento, doutoramento e outros trabalhos de pós-doutoramento. Os engenheiros de software que trabalham no sector das TI e ITES, especialmente no domínio das tecnologias de cadeia de blocos, bitcoin e criptomoeda, considerarão este livro um recurso útil. Em conclusão, creio que o leitor considerará este livro um guia verdadeiramente útil e uma valiosa fonte de informação sobre as tecnologias de cadeia de blocos, bitcoin e criptomoeda.

Dr.S.Balamurugan

AGRADECIMENTOS

O autor está sempre grato a Deus pela sua perseverança.

O Dr. Balamurugan gostaria de agradecer ao seu pai, o Sr. M. Shanmugam, e à sua mãe, a Sra. Sarojini, e a todos os membros da família pelo seu apoio. Gostaria de agradecer à sua esposa e melhor amiga, a Sra. S. Charanyaa, por lhe ter dado uma nova esperança e o ter apoiado em todos os seus esforços. Toda a sua gratidão vai para a sua mulher, que o tem acompanhado nos altos e baixos da vida, nos bons e maus momentos, e agora na jornada de escrever este livro. Agradece às suas irmãs, a Sra. S. Amudha e a sua família, e a Dra. S. Geetha e a sua família pelo seu apoio. Agradece também ao seu sogro, Sr. K.S.Subramaniam, e à sua sogra, Sra. S.Varalakshmi, pelo seu apoio. Os seus agradecimentos especiais vão para o seu cunhado, Sr. S. Vivek e a sua família por o motivarem sempre a ter sucesso.

O Dr. Balamurugan gostaria de agradecer ao seu melhor amigo, o Sr. S. Sathish Kumar, fundador e Diretor Executivo da Mindnotix Technologies, Coimbatore, Índia, pelo seu apoio moral incondicional, pelos valiosos conhecimentos que forneceu e pela disponibilização de instalações e bancos de ensaio em tempo real para observar os aspectos práticos da modelação de objectos. Gostaria também de agradecer à equipa de gestão da Mindnotix Technologies, Coimbatore, Índia, pelo seu apoio.

O Dr. Balamurugan gostaria de agradecer à sua mulher e melhor amiga, a Sra. S. Charanyaa, e ao seu filho, o Mestre B. Surya, que considera a melhor parte da sua vida, pela sua paciência quando passava a maior parte do tempo a trabalhar em livros.

DEDICAÇÃO

Este livro é dedicado a todos os estudantes de todo o mundo
envolvidos na investigação das tecnologias de cadeia de blocos,
bitcoin e criptomoeda.
tecnologias de criptomoeda

tecnologias.
Quando este livro for
impresso
a sua descoberta pode começar. Tudo de bom!

CAPÍTULO 1

INTRODUÇÃO

As tecnologias Blockchain, Bitcoin e criptomoeda registaram uma forte ascensão nos últimos anos. A prospeção de dados, a extração de informações preditivas ocultas de grandes bases de dados, é uma nova e poderosa tecnologia com grande potencial para ajudar as organizações a concentrarem-se nas informações mais importantes dos seus conjuntos de dados. As ferramentas de prospeção de dados prevêem tendências e comportamentos futuros e permitem às empresas tomar decisões proactivas e baseadas no conhecimento. As análises automatizadas e prospectivas que a prospeção de dados proporciona vão além das análises de eventos passados fornecidas por ferramentas retrospectivas típicas dos sistemas de apoio à decisão. As ferramentas de prospeção de dados podem responder a questões comerciais que, tradicionalmente, demoravam demasiado tempo a responder. Procuram nas bases de dados padrões ocultos e encontram informações preditivas que os especialistas podem ignorar por não corresponderem às suas expectativas.A maior parte das organizações já está a recolher e a aperfeiçoar grandes quantidades de dados. As técnicas de prospeção de dados podem ser rapidamente implementadas em plataformas de software e hardware existentes para acrescentar valor aos activos de informação existentes e podem ser integradas em novos produtos e sistemas à medida que estes se tornam operacionais. Quando implementadas em poderosos computadores cliente/servidor ou de processamento paralelo, as ferramentas de prospeção de dados podem analisar enormes bases de dados para dar respostas a perguntas como "Quais os clientes mais susceptíveis de responder à minha próxima correspondência e porquê?".Este livro branco apresenta uma introdução às tecnologias básicas de extração de dados. Exemplos de aplicações rentáveis ilustram a relevância para o ambiente empresarial atual. Também descreve como as arquitecturas de data warehouse podem ser desenvolvidas para desbloquear o valor da extração de dados para os utilizadores finais.

CAPÍTULO 2

SEGURANÇA NA CADEIA DE BLOCOS, BITCOIN E TECNOLOGIAS DE CRIPTOMOEDA

PROTECÇÃO DE DADOS NAS REDES SOCIAIS EM CASO DE ATAQUES À DIVULGAÇÃO DE ATRIBUTOS

Autores: sean chester e Gautam Srivastava

Conclusão:

O aumento da investigação no domínio das redes sociais proporciona meios eficazes para garantir a privacidade dos utilizadores. Mas não impede os ataques de divulgação, uma vez que estes ataques têm sido negligenciados. Para colmatar esta lacuna, é necessária uma abordagem para tornar anónimas as redes sociais que tenham sido rotuladas como nós e a-nearness. Neste documento, é apresentado um algoritmo guloso eficaz para atingir a anonimidade.

t-CLOSENESS : A PRIVACIDADE PARA ALÉM DA k-ANONIMIDADE E DA l-DIVERSIDADE

Autores: Ninghui Li , Tiancheng Li e Suresh Venkatasubramanian

Conclusão:

O k-anonimato exige que cada classe de equivalência contenha pelo menos k registos. O k-anonimato não pode impedir a divulgação de atributos. A l-diversidade exige que cada classe de equivalência tenha pelo menos valores bem representados para cada atributo sensível. A l-diversidade não é suficiente para impedir a divulgação de atributos. A medida da distância de terra é utilizada para a proximidade t.

PROTECÇÃO DA PRIVACIDADE DURANTE A PUBLICAÇÃO

Os autores : Jiexing Li, Yufei Tao e Xiaokui Xiao

Conclusão:

Na publicação de dados autorizada, a ameaça, referida como uma "violação aproximada", é identificada para atributos sensíveis numéricos. Ocorre uma violação quando o utilizador final tem uma elevada probabilidade de que o valor sensível deva seguir-se num curto intervalo de tempo. Nenhum dos princípios de anonimização existentes pode impedir a violação por aproximação. A solução para este problema é o anonimato (s,m).

OCULTAR A PRESENÇA DE UMA PESSOA NUMA BASE DE DADOS PARTILHADA

Os autores: M.Ercan Nergiz, Maurizio Atzori e Christopher W Clifton

Conclusão:

Os avanços nas tecnologias da informação aumentam tanto a necessidade de dados anónimos como o risco de uma anonimização inadequada. A qualidade da anonimização depende claramente da presença de £. Este algoritmo é avaliado no contexto de um cenário do mundo real. Esta abordagem era aplicável na prática.

conseguir a proteção da privacidade do k-annony might através da generalização e da supressão

Autor: LATANYA SWEENEY

Conclusão:

Muitas vezes, um detentor de dados num hospital ou num banco precisa de partilhar informações, com o objetivo principal de proteger a privacidade do indivíduo. O anonimato K foi concebido para proteger os indivíduos da diversidade. Este documento faz uma apresentação formal da combinação de generalização e supressão para obter o anonimato K.

6. PRIVACIDADE NA CONCEPÇÃO: PRINCÍPIOS PARA SISTEMAS UBÍQUOS FAVORÁVEIS À PRIVACIDADE

Os autores: Thomas E. Daniels ,Eugene H. Spafford

Conclusão:

Este documento aborda questões relacionadas com a proteção de dados no domínio da computação ubíqua. São desenvolvidos seis princípios para a conceção de sistemas.

1 .memorizar

2 Eleição e aprovação

3 Proximidade e localização

4 Anonimato e localização

5 Anonimato e pseudonimato

6 . Segurança, acesso e recurso

Segue-se uma breve panorâmica da história da proteção da privacidade, do seu estatuto jurídico e das suas vantagens.

7 .ATAQUES TEMPORAIS À PRIVACIDADE NA WEB

Os autores: Edward W. Felten e Michael A. Schneider

Conclusão:

Este artigo trata da classe de ataques à privacidade que podem pôr em causa a privacidade do utilizador. Os desvios temporais resultantes transmitem informação suficiente para pôr em causa a privacidade do utilizador. Este ataque também permite a recolha de informações como uma forma mais invasiva de cookies da Web. Por fim, discutimos como os navegadores podem ser redesenhados para refletir a maioria destes ataques.

8 .SEGURANÇA DA WEB E PROTECÇÃO DE DADOS: UMA PERSPECTIVA AMERICANA

Os autores: L. Jean Camp

Conclusão:

Navegar na Internet não protege a nossa privacidade. A tradição jurídica americana centra-se mais no direito à privacidade do que na necessidade de proteção de dados. Este documento centra-se nos objectos que são transmitidos quando se navega na Internet. São discutidas algumas das tecnologias utilizadas para proteger a privacidade, como a criptografia e os proxies Web.

9 RISCOS DE PRIVACIDADE DISTRIBUÍDOS: Quem precisa de proteção?

Os autores: Charles D. Raab, Collin J. Benett

Conclusão:

Uma vez que os dados pessoais são utilizados nas empresas e nas autoridades públicas, a privacidade das pessoas está em risco.

A partilha de riscos e a proteção da privacidade podem continuar a ser comprometidas. O presente documento analisa o exame da proteção de dados numa perspetiva unidimensional.

10 TÉCNICAS DE ANONIMIZAÇÃO PARA A DESCOBERTA DE CONHECIMENTOS EM BASES DE DADOS

Os autores: Bin Zhou Jian Pei

Conclusão:

O KDD lida com dados acabados em todos os domínios científicos e aplicados. O documento trata de questões relacionadas com a proteção de dados. As questões de proteção de dados são discutidas com base em algumas aplicações e é feita uma classificação de acordo com duas dimensões importantes para as discussões sobre proteção de dados. Em seguida, discute-se a reidentificação dos riscos e os métodos de anonimização para ultrapassar estas questões e, por último, discute-se em pormenor as soluções arquitectónicas para os sistemas de KDD.

CAPÍTULO 3

TRANSFERÊNCIA SEGURA DE BITCOINS

3.1 OBJECTIVO:
O objetivo deste projeto é proteger a transferência de Bitcoin ou de informações do remetente para o destinatário num armazenamento em nuvem.

3.3 SISTEMA EXISTENTE:
* O sistema existente utiliza alguns algoritmos complexos de front-end para proteger a privacidade nas redes sociais.

Desvantagens:
* Estrutura complexa
* Utiliza vários algoritmos para a proteção de dados.

3.4 SISTEMA PROPOSTO:
* Iremos melhorar uma técnica para proteger a base de dados backend.

A tecnologia:
* Encriptação de dados backend

Vantagens:
* Estrutura simples

* Proteção de dados combinada para front-end e back-end.

3.5 APLICAÇÕES:

* Cadeia de blocos

* Criptomoeda

* Serviços postais

* Carregamento de sítios Web

* Finanças da organização

* Governos

CAPÍTULO 4

ANÁLISE DO SISTEMA DE CADEIA DE BLOCOS REQUISITOS E ESPECIFICAÇÕES:

A especificação dos requisitos de software (SRS) é o ponto de partida para as actividades de desenvolvimento de software. Quanto mais complexo se torna um sistema, mais claro se torna que o objetivo de todo o sistema não é fácil de compreender. Isto resulta na necessidade da fase de especificação de requisitos. O projeto de software é iniciado pelas necessidades do cliente. O SRS é o meio de traduzir as ideias do cliente (o input) num documento formal (o output da fase de requisitos).

A fase SRS consiste em duas actividades básicas:

Análise de problemas/necessidades:

O processo é a ordem e a nebulosa dos dois, lidando com a compreensão do problema, o objetivo e as restrições.

Especificação dos requisitos:

Aqui, o foco está na especificação do que foi encontrado durante a análise, como representação, linguagens de especificação e ferramentas, e a revisão das especificações é coberta durante esta atividade.

A fase de requisitos termina com a criação do documento validado das SRS. A criação do documento SRS é o objetivo fundamental desta fase.

PAPEL DOS SRS:

O objetivo da especificação dos requisitos de software é reduzir o fosso de comunicação entre os clientes e os programadores. A especificação dos requisitos de software é o meio através do qual as necessidades dos clientes e dos utilizadores são captadas com precisão.

especificado. Constitui a base do desenvolvimento do software. Um bom SRS deve satisfazer todas as partes envolvidas no sistema.

O objetivo deste documento é descrever todos os requisitos externos para o sistema de gestão de projectos. Descreve igualmente as interfaces do sistema.

ÂMBITO DE APLICAÇÃO:

Este documento é o único que descreve os requisitos do sistema. Destina-se a ser utilizado pelos programadores e será também a base para a validação do sistema final entregue. Quaisquer alterações futuras aos requisitos devem passar por um processo de aprovação formal. O programador é responsável .

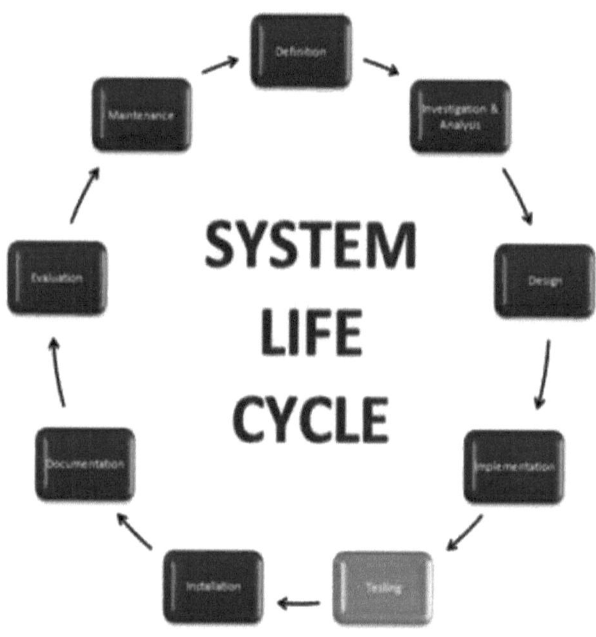

Fig.: 4.1 Ciclo de vida do sistema

CAPÍTULO 5

VIABILIDADE DAS TECNOLOGIAS DE CADEIA DE BLOCOS, BITCOIN E CRIPTOMOEDA

Uma análise da capacidade de concluir com êxito um projeto, tendo em conta factores legais, económicos, tecnológicos, de calendarização e outros. Em vez de se lançarem simplesmente num projeto e esperarem o melhor, um estudo de viabilidade permite aos gestores de projectos examinar os possíveis resultados negativos e positivos de um projeto antes de investirem demasiado tempo e dinheiro.

5.1 VIABILIDADE TÉCNICA:

A avaliação da viabilidade técnica é a parte mais difícil de um estudo de viabilidade. Isto deve-se ao facto de, nesta fase, não se conhecerem muitos pormenores do sistema, o que torna difícil responder a questões como o desempenho, o custo (devido à natureza da tecnologia a utilizar), etc. A avaliação da viabilidade técnica é a parte mais difícil de um estudo de viabilidade. Numa análise técnica, é necessário ter em conta uma série de aspectos. Compreender as diferentes tecnologias envolvidas no sistema proposto:

Antes de iniciarmos o projeto, temos de saber quais são as tecnologias necessárias para o desenvolvimento do novo sistema.

Verificar se a organização dispõe atualmente das tecnologias necessárias:

A tecnologia necessária está disponível na empresa?

Em caso afirmativo, a capacidade é suficiente?

Por exemplo

"A impressora atual consegue processar os novos relatórios e formulários necessários para o novo sistema?"

5.2 VIABILIDADE ECONÓMICA:

Refere-se ao benefício ou aos resultados que obtemos do produto em comparação com o custo total que gastamos no desenvolvimento do produto. No sistema atual, o desenvolvimento de um novo produto melhorará consideravelmente a exatidão do sistema e reduzirá o atraso no processamento das declarações de nascimento e de óbito. Os erros podem ser grandemente reduzidos, proporcionando simultaneamente um elevado nível de segurança. Neste caso, não é necessário qualquer equipamento adicional para além de uma memória com a capacidade necessária e, uma vez que a base de dados utilizada é uma base de dados acessível através da Web, não é necessário gastar dinheiro na manutenção do cliente.

5.3 VIABILIDADE SOCIAL:

Os projectos propostos só são úteis se puderem ser transformados em sistemas de informação que satisfaçam os requisitos operacionais da organização. Em termos simples, esta verificação de viabilidade tem a ver com a possibilidade de o sistema funcionar quando for desenvolvido e instalado. Existem obstáculos importantes à implementação? As seguintes questões ajudam a verificar a viabilidade operacional de um projeto: o projeto é suficientemente apoiado pela administração e pelos utilizadores? Se o sistema atual for tão popular e utilizado que as pessoas não vêem razão para mudar, pode haver resistência: Os actuais métodos de trabalho são aceitáveis para os utilizadores? Se não forem, os utilizadores podem aceitar uma mudança que resulte num sistema mais funcional e útil. Uma vez que o sistema proposto deverá ajudar a reduzir as dificuldades associadas ao sistema manual existente, o novo sistema foi considerado adequado à sua finalidade.

CAPÍTULO 6

CONCEPÇÃO DE SISTEMAS DE CADEIA DE BLOCOS

6.1 PORMENORES SOBRE OS MÓDULOS:

Módulos:

- Autenticação
  - Registo
  - Registo
- Estado e carregamento de dados
- Descarregamento de dados
- Manutenção dos protocolos

Descrições dos módulos:

1. Autenticação:

A autenticação é a confirmação da veracidade de um atributo de um dado ou entidade. Pode implicar a confirmação da identidade de uma pessoa ou de um programa informático, o rastreio da origem de um artefacto ou a garantia de que um produto é o que a sua embalagem e rotulagem afirmam ser. A autenticação envolve frequentemente a verificação da validade de pelo menos uma forma de identificação. Autenticamos o nosso sistema com a ajuda de um nome de utilizador e de uma palavra-passe. O fluxo de autenticação nome de utilizador-senha pode ser utilizado para autenticação se o consumidor já tiver as credenciais do utilizador.

2. Estado e carregamento de dados:

- Quando carregamos o nosso estado na aplicação, este estado é armazenado na base de dados num formato encriptado.
- Quando carregamos dados em vários formatos, como docx, jpg, etc., para a nossa aplicação, este estado é armazenado na base de dados num formato encriptado.

3. Descarregar dados:

- O utilizador pode descarregar os dados disponíveis na nossa aplicação em vários formatos.

4. Manutenção dos protocolos:

- Na nossa aplicação, todas as acções do utilizador são armazenadas e geridas numa base de dados.

6.2 DIAGRAMA DE ARQUITECTURA:

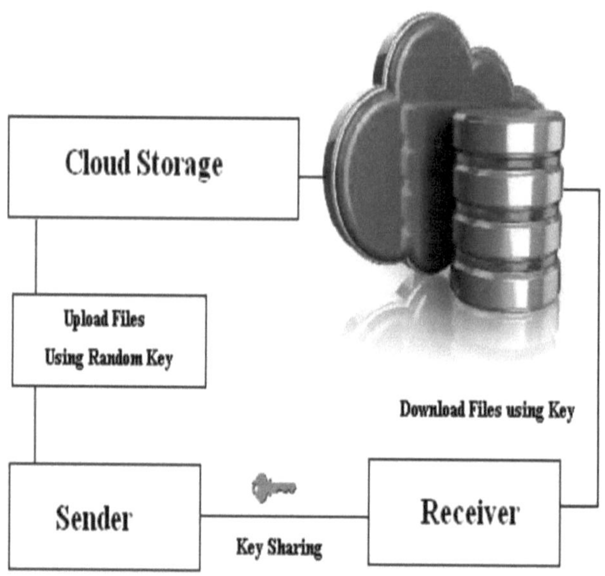

Fig.: 6.1 Bitcoin - Armazenamento da base de dados em formato encriptado

ANÁLISE ORIENTADA POR OBJECTO DAS TECNOLOGIAS DE BLOCKCHAIN, BITCOIN E CRYPTOCURRENCE Introdução:

A conceção é o primeiro passo na fase de desenvolvimento de uma tecnologia ou de um princípio, com o objetivo de definir um dispositivo, um processo ou um sistema de forma tão precisa que possa ser fisicamente realizado.

Depois de os requisitos de software terem sido analisados e especificados, a conceção do software envolve três actividades técnicas - conceção, codificação, implementação e teste - que são necessárias para criar e verificar o software.

As actividades de conceção são da maior importância nesta fase, pois é aqui que são tomadas as decisões que, em última análise, afectam o sucesso da implementação do software e a sua capacidade de manutenção. Estas decisões afectam, em última análise, a fiabilidade e a capacidade de manutenção do sistema. A conceção é a única forma de traduzir com exatidão os requisitos do cliente em software ou sistema acabado.

A conceção é o local onde a qualidade é promovida no desenvolvimento. A conceção de software é um processo através do qual os requisitos são traduzidos numa representação do software. A conceção do software é efectuada em duas etapas. A conceção preliminar trata da transformação dos requisitos em dados.

Existem diferentes tipos de métodos no desenvolvimento de

software:

São os seguintes:

> Diagrama de caso de utilização

> Diagrama de classes

> Diagrama de sequência

> Diagrama de colaboração

> Diagrama de actividades

> Diagrama E-R

7.1. Diagramas de casos de utilização:

Os diagramas de casos de utilização modelam o comportamento dentro de um sistema e ajudam os programadores a compreender as necessidades do utilizador. O boneco representa o chamado ator. Os diagramas de casos de utilização podem ser úteis para obter uma visão global do sistema e esclarecer o que podem e, mais importante, o que não podem fazer. O diagrama de casos de utilização é composto por casos de utilização e actores e mostra a interação entre o caso de utilização e os actores.

- O objetivo é mostrar as interações entre o caso de utilização e o ator.
- Apresentação dos requisitos do sistema na perspetiva do utilizador.
- Um ator pode ser o utilizador final do sistema ou um sistema externo.

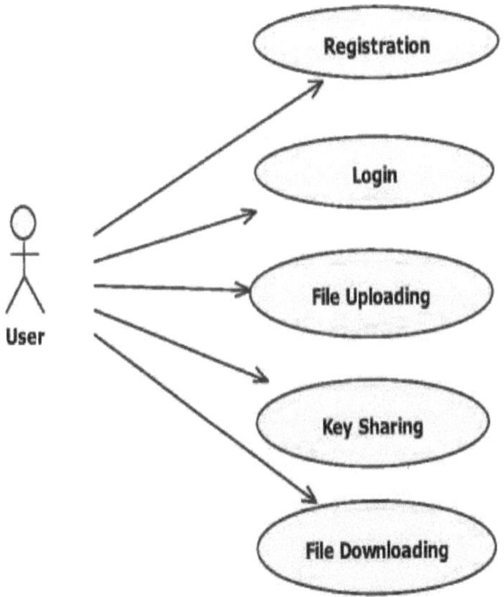

Fig.: 7.1 Diagrama de casos de utilização para a libertação de estados

7.2. Diagrama de classes:

Uma classe não é mais do que uma estrutura que contém variáveis e métodos. O diagrama de classes mostra uma série de classes, interfaces e colaborações e os seus navios associados. É o diagrama mais comum na modelação de sistemas orientados para objectos e é utilizado para representar a visão estática de um sistema. Mostra as dependências entre as classes que podem ser utilizadas no nosso sistema.

- As interações entre os módulos ou classes do nosso

Os projectos são apresentados abaixo. Cada bloco contém nomes de classes, variáveis e métodos.

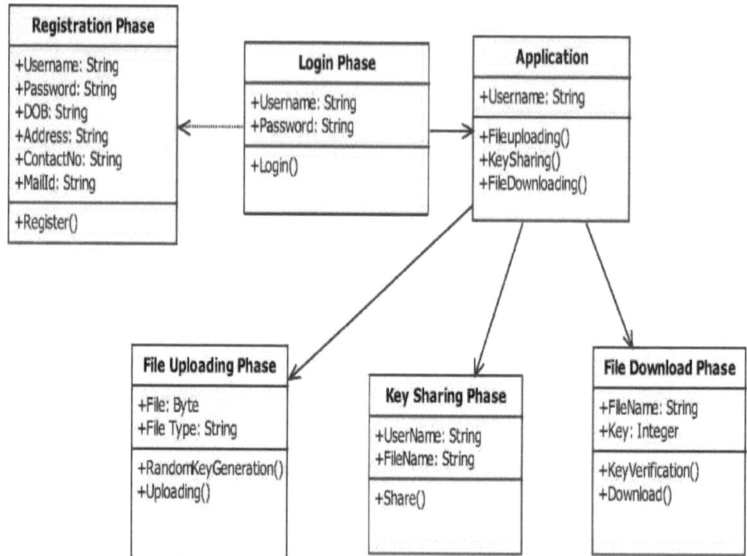

Fig.: 7.2 Diagrama de classes para a libertação de estados

7.3. Diagrama de sequência:

Os diagramas de sequência e os diagramas de colaboração são designados por DIAGRAMAS DE INTERACÇÃO. Um diagrama de interação mostra uma interação constituída por uma série de objectos e a sua relação, incluindo as mensagens que podem ser enviadas entre eles.

Um diagrama de sequência é uma introdução que visualiza a sequência cronológica de mensagens. Graficamente, um diagrama de sequência é um quadro em que os objectos estão dispostos ao longo do eixo X e as mensagens em sequência temporal ascendente ao longo do eixo Y.

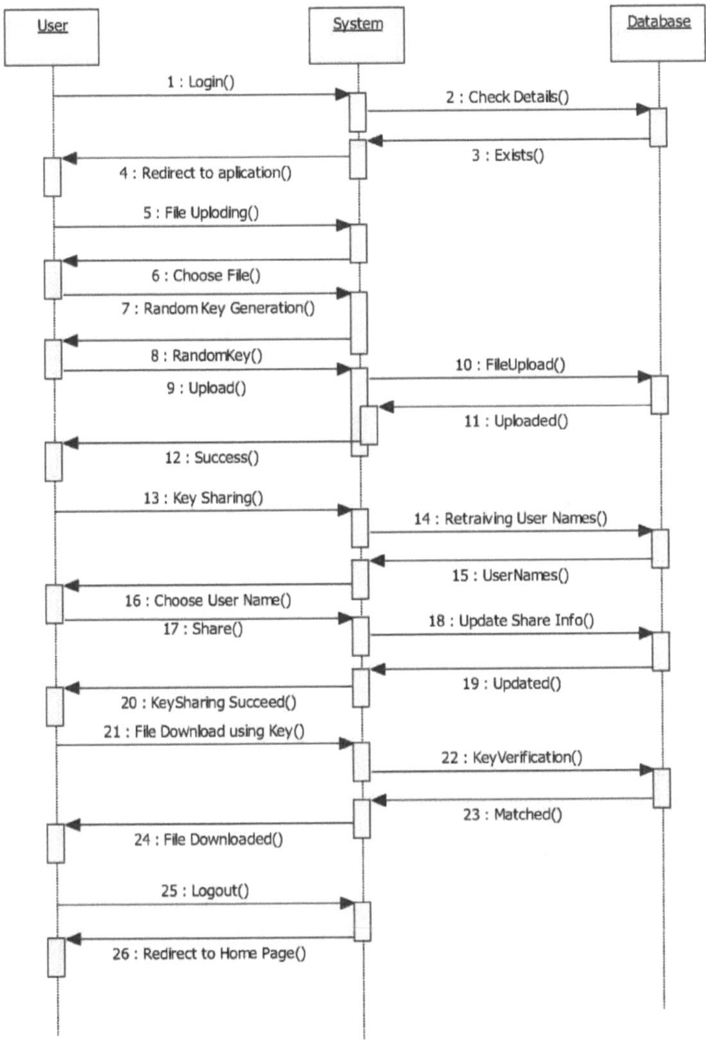

Fig.: 7.3 Diagrama de sequência

7.4. Diagrama de colaboração:

Um diagrama de colaboração é um diagrama introdutório que destaca a organização estrutural dos objectos que enviam e recebem mensagens. Graficamente, um diagrama de colaboração é uma coleção de vértices e arcos.

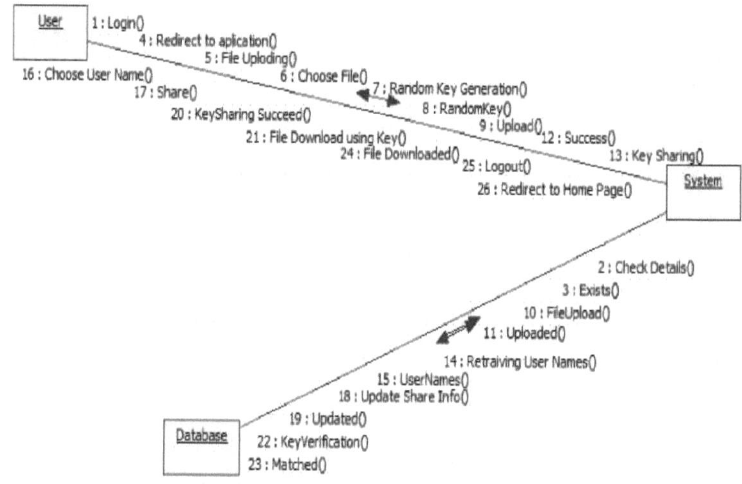

Fig.: 7.4 Diagrama de colaboração

7.5. Diagrama de actividades:

Um diagrama de actividades é semelhante a um fluxograma. Um diagrama de actividades centra-se no fluxo de actividades envolvidas num único processo. O diagrama de atividade mostra como estas actividades individuais do processo dependem umas das outras.

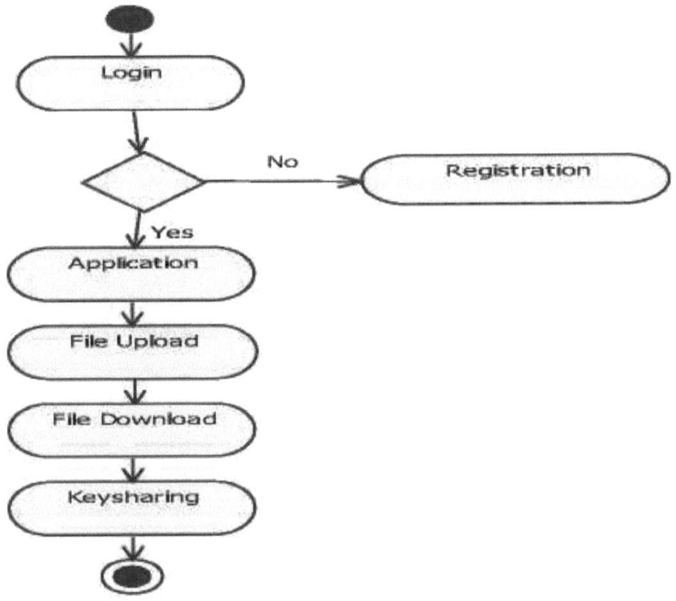

Fig.: 7.5 Diagrama de actividades

7.6. Diagramas E-R:

Um componente fundamental do modelo é o diagrama entidade-relacionamento, que é utilizado para representar visualmente os objectos de dados. Desde que Chen escreveu o seu artigo, o modelo foi alargado e atualmente é frequentemente utilizado para a conceção de bases de dados, o que constitui a vantagem do modelo ER:

- Pode ser facilmente transferido para o modelo relacional. As construções utilizadas no modelo ER podem ser facilmente convertidas em tabelas relacionais.

- É simples e fácil de compreender com um mínimo de formação. Por conseguinte, o modelo pode ser utilizado pelo designer da base de dados para comunicar a conceção ao utilizador final.

- Além disso, o modelo pode ser utilizado pelo programador da base de dados como um plano de conceção para implementar um modelo de dados num software específico de gestão de bases de dados.

Notação ER

Os símbolos utilizados para as construções básicas de ER são:

- **As entidades** são representadas por rectângulos rotulados. O rótulo é o nome da entidade. Os nomes das entidades devem ser substantivos singulares.

- **Os relacionamentos** são representados por uma linha sólida que liga duas entidades. O nome do relacionamento é escrito acima da linha. Os nomes das relações devem ser verbos

- **Os atributos** são listados no retângulo da entidade se estiverem incluídos. Os atributos que são identificadores são sublinhados. Os nomes dos atributos devem ser substantivos no singular.

- A **cardinalidade** de muitos é representada por uma linha que termina com um pé de galinha. Se o pé de galinha for omitido, a cardinalidade é

em.

■ A **existência** é indicada pela colocação de um círculo ou de um
Barra vertical na linha.

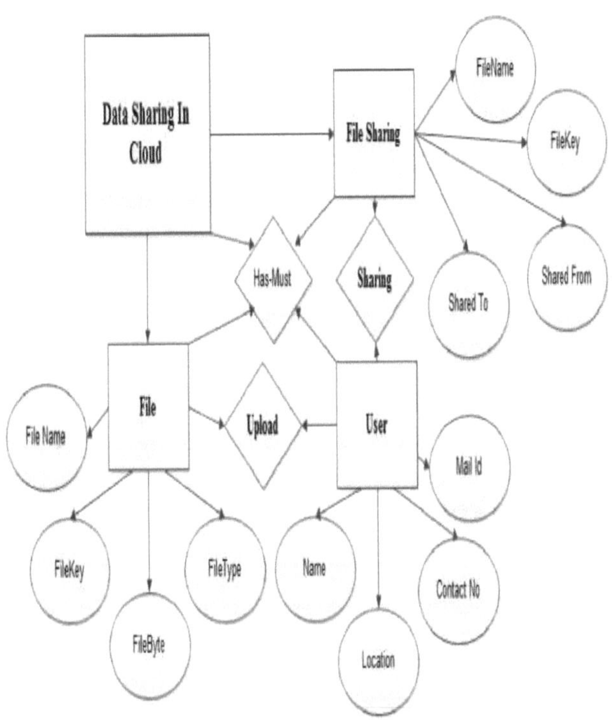

Fig.: 7.6 Diagrama E-R para a partilha de ficheiros

MODELAGEM DE DADOS DAS TECNOLOGIAS DE BLOCKCHAIN, BITCOIN E CRYPTOCURRENCY Descrições:

O DFD adopta uma perspetiva de entrada-processo-saída de um sistema, ou seja, os objectos de dados entram no software, são transformados por elementos de processamento e os objectos de dados resultantes saem do software. O DFD é representado de forma hierárquica, ou seja, o primeiro modelo de fluxo de dados representa o sistema como um todo. Os DFDs subseqüentes refinam o diagrama de contexto (DFD nível 0) e fornecem mais detalhes a cada nível subseqüente. O DFD permite que o desenvolvedor de software desenvolva modelos dos domínios de informação e funcional simultaneamente. À medida que o DFD é refinado em níveis cada vez mais detalhados, o analista realiza uma decomposição funcional implícita do sistema. Ao mesmo tempo, o refinamento do DFD leva a um refinamento correspondente dos dados à medida que passam pelo processo que incorpora as aplicações.Um DFD de nível de contexto para o sistema as entidades externas primárias produzem informações para uso pelo sistema e consomem informações geradas pelo sistema. A seta marcada representa objectos de dados ou uma hierarquia de objectos.

Regras para o DFD:

- Fixar o âmbito do sistema com a ajuda de diagramas de contexto.
- Organizar o DFD de forma a que a sequência principal de medidas
- Lê-se da esquerda para a direita e de cima para baixo.
- Identificar todos os inputs e outputs.
- Identificar e rotular cada processo interno do sistema com círculos arredondados.
- É necessário um processo para todas as conversões e transferências de dados. Portanto, nunca se deve conectar um armazenamento de dados a uma fonte de dados ou aos destinos ou a outro armazenamento de dados usando apenas uma seta de fluxo de dados.

- Não especifique qualquer hardware e ignore as informações de controlo; certifique-se de que os nomes dos processos reflectem exatamente a forma como o processo é executado.
- Não pode haver nenhum processo inominado.
- Indique as fontes externas e os destinos dos dados com quadrados. Numere cada ocorrência de entidades externas repetidas. Identifique todos os fluxos de dados para cada etapa do processo, exceto para simples recuperações de registos.
- Identifique o fluxo de dados em cada seta.
- Utilize o fluxo de pormenor para cada seta.

- Utilizar a seta de fluxo pormenorizado para visualizar os movimentos de dados.

8.1 DIAGRAMAS DE FLUXO DE DADOS:

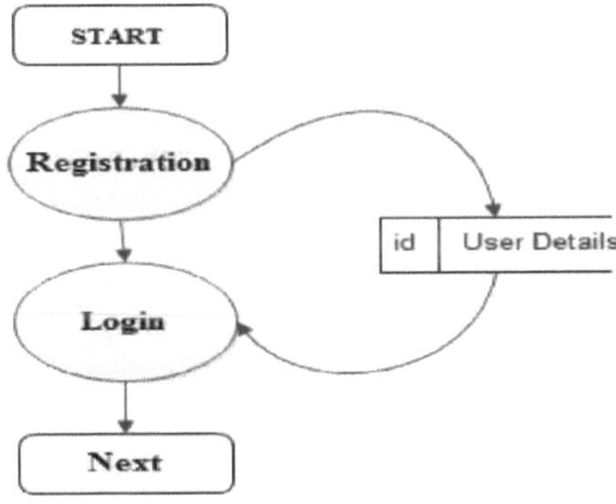

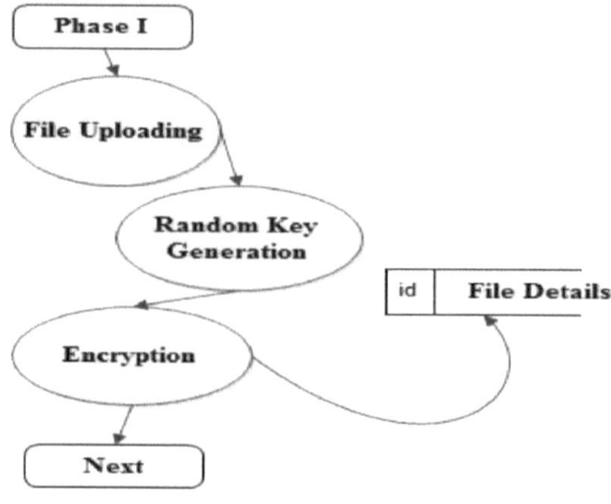

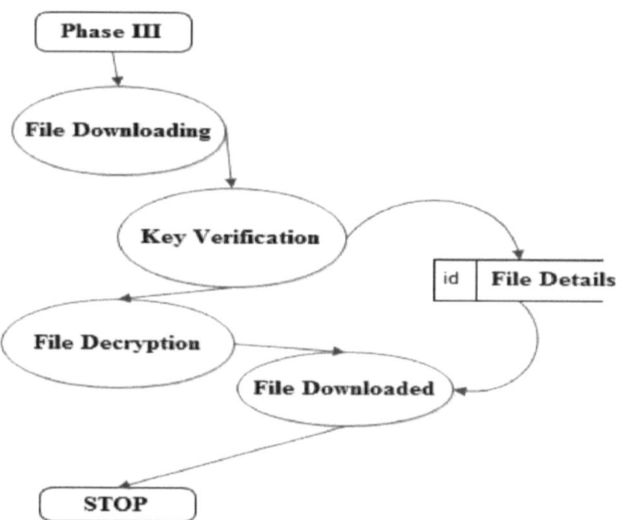

Fig. 8.1 Diagramas de fluxo de dados para o Nível 0, Nível 1 e Nível 2

CAPÍTULO 9

SIMULAÇÃO DE BITCOIN EXPERIMENTAL
PRÉ-REQUISITOS

Requisitos de software:

Sistema operativo :- Windows7

Frontend :- Microsoft Visual Studio .Net 2010

Linguagem de programação :- C#

Backend :- SQL Server 2008

Requisitos de hardware:

Processador : Pentium DualCore 2.00GHZ

Disco rígido : 40 GB

Rato : Logitech.

RAM : 2 GB (mínimo)

Teclado : 110 teclas Melhorado.

CAPÍTULO 10

SOFTWARE RELACIONADO COM AS TECNOLOGIAS DE CADEIA DE BLOCOS, BITCOIN E CRIPTOMOEDA

11.1 ACERCA DE .NET

Descrição geral do .NET Framework

O .NET Framework é uma nova plataforma informática que simplifica o desenvolvimento de aplicações no ambiente altamente distribuído da Internet/Intranet. O .NET Framework foi desenvolvido para atingir os seguintes objectivos:

- Proporcionar um ambiente de programação orientado para objectos consistente, independentemente de o código do objeto ser armazenado e executado localmente, executado localmente mas distribuído pela Internet, ou executado remotamente.

- Fornecer um ambiente de execução de código que minimize a implantação de software e os conflitos de versão. Fornecer um ambiente de execução de código que garanta a execução segura do código, incluindo o código criado por um terceiro desconhecido ou semi-confiável.Fornecer um ambiente de execução de código que elimina os problemas de desempenho de ambientes com scripts ou interpretados; consistência da experiência do programador em tipos de aplicações muito diferentes, tais como aplicações baseadas no Windows e aplicações baseadas na Web; criação de todas as comunicações com base em normas da indústria para garantir que o código baseado no .NET Framework se pode integrar com qualquer outro código. NET suportam aplicações remotas.

O .NET Framework é constituído por dois componentes principais:

- O tempo da língua comum.
- . NET Framework.

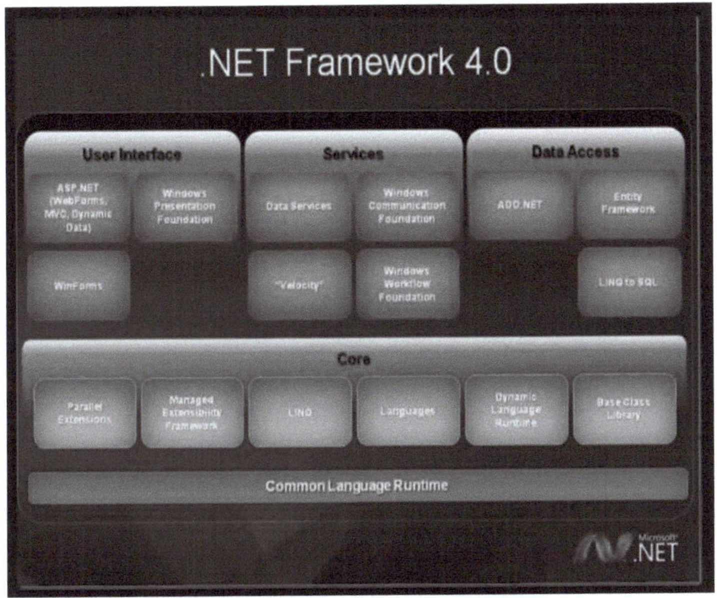

DESCRIÇÃO GERAL DO **ADO.NET**

O ADO.NET fornece acesso consistente a fontes de dados como o Microsoft SQL Server, bem como a fontes de dados acessíveis através de OLE DB e XML. As aplicações de partilha de dados do consumidor podem utilizar o ADO.NET para se ligarem a estas fontes de dados e obterem, editarem e actualizarem dados.

O ADO.NET separa o acesso aos dados da manipulação de dados em componentes individuais que podem ser utilizados separadamente ou em conjunto. O ADO.NET inclui fornecedores de dados .NET para ligação a uma base de dados, execução de comandos e obtenção de resultados. Estes resultados são processados diretamente ou armazenados num **conjunto de dados ADO.NET**.

para o tornar disponível ao utilizador ad hoc, combiná-lo com dados de várias fontes ou transferi-lo entre diferentes níveis. O objeto de conjunto de dados ADO.NET também pode ser utilizado independentemente de um fornecedor de dados .NET para gerir dados específicos da aplicação ou derivados de XML.

Visão geral do ASP.NET

O ASP.NET é uma estrutura de programação que se baseia no Common Language Runtime e pode ser utilizada num servidor para criar poderosas aplicações Web. O ASP.NET oferece várias vantagens importantes em relação aos modelos de desenvolvimento Web anteriores:

- **Desempenho melhorado:** o ASP.NET é um código de tempo de execução compilado numa linguagem comum que é executado no servidor. Ao contrário dos seus antecessores interpretados, o ASP.NET pode tirar partido da ligação antecipada, da compilação just-in-time, da otimização nativa e dos serviços de armazenamento em cache logo à partida. Isto resulta num desempenho dramaticamente melhorado antes mesmo de escrever uma linha de código.

Suporte de ferramentas de primeira classe. A estrutura ASP.NET é complementada por uma extensa caixa de ferramentas e um designer no ambiente de desenvolvimento integrado do Visual Studio. A edição WYSIWYG, os controlos de servidor de arrastar e largar e a

- são apenas algumas das funções oferecidas por esta poderosa ferramenta.
- **Desempenho e flexibilidade.** Uma vez que o ASP.NET se baseia no Common Language Runtime, os programadores de aplicações Web têm à sua disposição o desempenho e a flexibilidade de toda a plataforma.

- **Simplicidade.** O ASP.NET simplifica a execução de tarefas comuns, desde o simples envio de formulários e autenticação de clientes até à implementação e configuração de sites. Por exemplo, com a estrutura de páginas ASP.NET, pode criar interfaces de utilizador que separam claramente a lógica da aplicação do código de apresentação e processam eventos num modelo de processamento de formulários simples, semelhante ao Visual Basic. Além disso, o tempo de execução da linguagem comum simplifica o desenvolvimento através de serviços de código gerido, como a contagem automática de referências e a recolha de lixo.

- **Capacidade de gestão.** O ASP.NET utiliza um sistema de configuração hierárquico e baseado em texto que simplifica a aplicação de definições ao ambiente do servidor e às aplicações Web. Uma aplicação ASP.NET Framework é implementada num servidor, bastando copiar os ficheiros necessários para o servidor. Não há necessidade de reiniciar o servidor, nem mesmo de implementar ou substituir o código compilado em execução.

- **Escalabilidade e disponibilidade.** O ASP.NET foi concebido tendo em mente a escalabilidade e possui funcionalidades especificamente concebidas para melhorar o desempenho em ambientes de clusters e multiprocessadores. Além disso, os processos são monitorizados e geridos de perto pelo ambiente de tempo de execução do ASP.NET, de modo a que, se um processo se comportar mal (fugas, bloqueios), possa ser criado um novo processo no seu lugar, ajudando a garantir que a sua aplicação está sempre disponível para processar pedidos.

- **Personalização e extensibilidade.** O ASP.NET

oferece uma arquitetura bem concebida que permite aos programadores "incorporar" o seu código ao nível adequado. De facto, é possível estender ou substituir qualquer subcomponente do ambiente de tempo de execução do ASP.NET pelo seu próprio componente personalizado. A implementação de serviços personalizados de autenticação ou de estado nunca foi tão fácil.

- **Segurança.** Graças à autenticação integrada do Windows e à configuração específica da aplicação, pode ter a certeza de que as suas aplicações estão seguras.

Apoio linguístico

A plataforma Microsoft .NET oferece atualmente suporte integrado para três linguagens: C#, Visual Basic.Net e JScript.

O que é o ASP.NET Web Forms?

A estrutura de páginas ASP.NET Web Forms é um modelo de programação escalável em tempo de execução numa linguagem comum que pode ser utilizada no servidor para criar páginas Web de forma dinâmica. Proporciona a capacidade de criar e utilizar controlos de IU reutilizáveis que podem encapsular funções comuns, reduzindo a quantidade de código que um programador de páginas tem de escrever.

- A possibilidade de os programadores estruturarem a lógica das suas páginas de uma forma limpa e organizada (sem "código esparguete").

- A capacidade de as ferramentas de desenvolvimento fornecerem um forte suporte de design WYSIWYG para as páginas (o código ASP existente é opaco para as ferramentas).

Vantagens dos formulários Web ASP.NET e dos controlos de servidor

1. O ASP.NET Web Forms oferece uma forma simples e poderosa de criar interfaces de utilizador dinâmicas para a Web.
2. As páginas de formulários Web ASP.NET podem ser direcionadas para qualquer cliente do browser (não são necessários bibliotecas de scripts ou cookies).
3. As páginas ASP.NET Web Forms oferecem compatibilidade de sintaxe com as páginas ASP existentes.
4. Os controlos de servidor ASP.NET fornecem uma forma fácil de encapsular funções comuns.
5. O ASP.NET é fornecido com 45 controlos de servidor integrados. Os programadores também podem utilizar controlos criados por fornecedores terceiros.
6. Os controlos do servidor ASP.NET podem projetar automaticamente HTML de nível superior e de nível inferior.
7. Os modelos ASP.NET oferecem uma forma fácil de personalizar o aspeto dos controlos do servidor de listas.
8. Os controlos de validação ASP.NET fornecem uma forma fácil de efetuar a validação declarativa de dados do cliente ou do servidor.

11.2 VIA SQL-SERVER:

O Microsoft SQL Server é uma base de dados relacional cliente/servidor baseada em Structured Query Language (SQL). Cada um destes termos descreve uma parte fundamental da arquitetura do SQL Server.

BASE DE DADOS

Uma base de dados é semelhante a um ficheiro de dados, na medida em que é um local de armazenamento de dados. Tal como um ficheiro de dados, uma base de dados não disponibiliza a informação diretamente ao utilizador. O utilizador executa uma aplicação que acede aos dados da base de dados e os apresenta ao utilizador num formato compreensível.

Uma base de dados é normalmente constituída por dois componentes: os ficheiros que contêm a base de dados física e o software do sistema de gestão de bases de dados (SGBD) utilizado pelas aplicações para aceder aos dados. O SGBD é responsável pela aplicação da estrutura da base de dados, incluindo:

- Manutenção das relações entre os dados na base de dados.

- Garantir que os dados são armazenados corretamente e que as regras de definição das relações entre os dados não são violadas.

- Restaurar todos os dados para um ponto de consistência conhecida em caso de falha do sistema.

Linguagem de consulta estruturada (SQL)

Para trabalhar com dados numa base de dados, é necessário utilizar um conjunto de comandos e instruções (linguagem) definidos pelo software do SGBD. Existem várias linguagens diferentes que podem ser utilizadas com bases de dados relacionais, sendo a mais comum a SQL. Tanto o American National Standards Institute (ANSI) como a International Standards Organisation (ISO) definiram normas para a SQL. A maioria dos produtos SGBD modernos suporta o nível de entrada da SQL-92, a norma SQL mais recente (publicada em 1992).

Funções do SQL Server

O Microsoft SQL Server suporta uma série de funções que trazem os seguintes benefícios:

Fácil de instalar, implementar e utilizar:

O SQL Server inclui um conjunto de ferramentas de administração e desenvolvimento que lhe permitem instalar, implementar, gerir e utilizar o SQL Server em vários locais.

Escalabilidade:

O mesmo motor de base de dados pode ser utilizado em diferentes plataformas, desde computadores portáteis com o Microsoft Windows® 95/98 até grandes servidores multiprocessadores com o Microsoft Windows NT®, Enterprise Edition.

Armazenamento de dados:

O SQL Server inclui ferramentas para a extração e análise de dados resumidos para processamento analítico em linha (OLAP). O SQL Server também contém ferramentas para a conceção visual de bases de dados e para a análise de dados com a ajuda de perguntas em inglês.

Integração do sistema com outro software de servidor:

O SQL Server pode ser integrado com o correio eletrónico, a Internet e o Windows.

Bases de dados:

Uma base de dados no Microsoft SQL Server consiste numa coleção de tabelas que contêm dados e outros objectos, como vistas, índices, procedimentos armazenados e accionadores, que são definidos para suportar as actividades realizadas nos dados. Os dados armazenados numa base de dados estão normalmente relacionados com um tópico ou processo específico, como informações de inventário para um armazém de produção.

O SQL Server pode suportar muitas bases de dados, e cada

base de dados pode armazenar dados relacionados ou dados que não estão relacionados com os dados das outras bases de dados. Por exemplo, um servidor pode ter uma base de dados que armazena dados pessoais e outra que armazena dados relacionados com produtos. Ou uma base de dados armazena as encomendas actuais dos clientes e outra base de dados relacionada armazena o histórico das encomendas dos clientes, que é utilizado para os relatórios anuais. Antes de criar uma base de dados, é importante compreender os componentes de uma base de dados e a forma de os conceber para garantir que a base de dados funciona bem depois de implementada.

CAPÍTULO 11

TESTAR A SEGURANÇA DAS BITCOINS

O teste de software é um elemento crucial da garantia de qualidade do software e constitui a verificação final da especificação, da conceção e da geração do código. Uma vez criado o código fonte, o software deve ser testado para descobrir o maior número possível de erros antes de ser entregue ao cliente. Um caso de teste é aquele em que existe uma elevada probabilidade de ser encontrado um erro por descobrir. Um teste bem sucedido é aquele que descobre um erro não descoberto.

Os tipos básicos de controlos são:

Testes de caixa branca
Ensaios de caixa negra

Testes de caixa branca

Trata-se de uma estratégia de teste de código que verifica a correção de cada instrução do programa. Para seguir esta estratégia de teste, deve haver casos que levem à execução de cada instrução no programa ou módulo. Isto significa que todos os caminhos do programa são testados.

Os casos de teste devem garantir que os caminhos independentes dentro de um módulo sejam executados pelo menos uma vez, se necessário.

Praticar todas as decisões lógicas no seu lado verdadeiro ou falso.

Executar todos os circuitos nos seus limites e dentro dos seus limites operacionais.

À primeira vista, a estratégia de verificação parece exaustiva. Se a validade de cada instrução do programa for verificada, não parece haver muita margem para erros.

Ensaios de caixa negra

Ao efetuar testes de caixa negra, o analista examina a

especificação do programa ou módulo. Verifica a funcionalidade básica e a forma como o programa deve funcionar nas várias condições em que é apresentado para processamento. Com base nos resultados, o analista pode determinar se o programa cumpre os requisitos especificados.

Estratégia de teste

Os testes de software consistem numa série de testes que são efectuados um após o outro. Estes testes são
Plano de teste
Testes unitários
Testes de integração
Verificação do sistema

1. Plano de teste

O plano de teste especifica o objetivo do teste para os critérios de conclusão, o plano de integração do sistema e os métodos a utilizar para os módulos e casos de teste específicos. Os quatro tipos de testes que um produto de software deve cumprir são:

O teste de funcionamento especifica as condições de funcionamento, os valores de entrada e o resultado esperado.

O teste de desempenho verifica o tempo de resposta, o tempo de execução e a utilização total da memória primária e secundária das ligações.

O teste de esforço é utilizado para determinar os limites do sistema.

O teste estrutural diz respeito à análise da lógica de processamento interno de um sistema de software.

2. Testes normalizados

Em vez de testar o sistema como um todo, os testes unitários centram-se nos módulos que compõem o sistema. Cada módulo é analisado individualmente e verificado quanto à codificação e lógica corretas. Os erros resultantes da interação dos módulos são inicialmente evitados.

As vantagens dos testes unitários são

O tamanho de um módulo é bastante pequeno e os erros podem ser encontrados facilmente.

Removida a interação confusa de vários erros em partes muito diferentes do software.
O exame a nível de módulo pode ser muito completo.

A suposição óbvia que é feita ao realizar testes unitários é que os módulos individuais podem ser isolados do sistema e que o módulo interage com outros módulos no sistema e, para isolar o módulo, o analista deve estimular essas interações.

Isso significa que o analista deve criar módulos de driver para chamar os procedimentos no módulo, bem como funções stub para o módulo chamar. Os custos associados à criação deste ambiente estimulado podem ou, por vezes, devem ser proibidos.

3. Ensaio de integração

Testa os erros resultantes dos módulos de integração. Um objetivo específico do teste de integração é a interface: se os parâmetros de ambos os lados correspondem em termos de tipo, intervalos permitidos e significado. O analista tenta encontrar áreas em que os módulos tenham sido concebidos com especificações diferentes.

Este é o teste de nível superior. Todos os módulos testados separadamente são combinados e testados para obter o resultado final do sistema. O principal objetivo destes testes é a interface entre os módulos. Ao aplicar várias regras comerciais que foram criadas como parte dos casos de teste, conseguimos reduzir certas complexidades ao nível da conceção.

4. Verificação do sistema

O principal objetivo do teste do sistema é identificar quaisquer discrepâncias entre o sistema desenvolvido e o seu objetivo original, as especificações actuais e a documentação do sistema. A compatibilidade do sistema com o ambiente operacional também é verificada. As seguintes tarefas de teste do sistema são essenciais.

1. Teste da carga de pico

O objetivo é determinar se o sistema pode lidar com o volume de atividade que ocorre quando o sistema está no pico das suas necessidades de processamento.

2. Testes de esforço:

Este teste é realizado para determinar a capacidade do sistema que é armazenada para as transacções. Durante um teste de esforço, um sistema é executado de uma forma que utiliza recursos numa quantidade, frequência ou âmbito invulgares.

3. Efectua testes de tempo:

Determina o tempo necessário para o sistema processar uma transação ou um pedido de informação do utilizador.

4. Testes de recuperação:

Esta função serve para determinar se o software é capaz de recuperar de um erro. A recuperação pode ser automática ou exigir intervenção humana. Em qualquer dos casos, o tempo médio de reparação é avaliado para determinar se está dentro de limites aceitáveis.

5. Procedimento de ensaio:

Determina a clareza da documentação sobre o funcionamento e a utilização do sistema. O utilizador é solicitado a fazer exatamente o que é pedido no manual.

CAPÍTULO 12

CONCLUSÕES

Este livro aborda as tecnologias de blockchain, bitcoin e criptomoeda - um novo problema de privacidade, a identificação da comunidade, e formula o problema de proteger a identidade da comunidade de cada indivíduo nas redes sociais publicadas. Este problema de privacidade é formulado no front-end de vários sistemas existentes, pelo que fornecemos privacidade à base de dados back-end sob a forma de uma base de dados encriptada. Assim, nenhum intruso pode ver pormenores sobre os indivíduos pirateando a base de dados.

CAPÍTULO 13

APÊNDICE

13.1 CAPTURAS DE ECRÃ

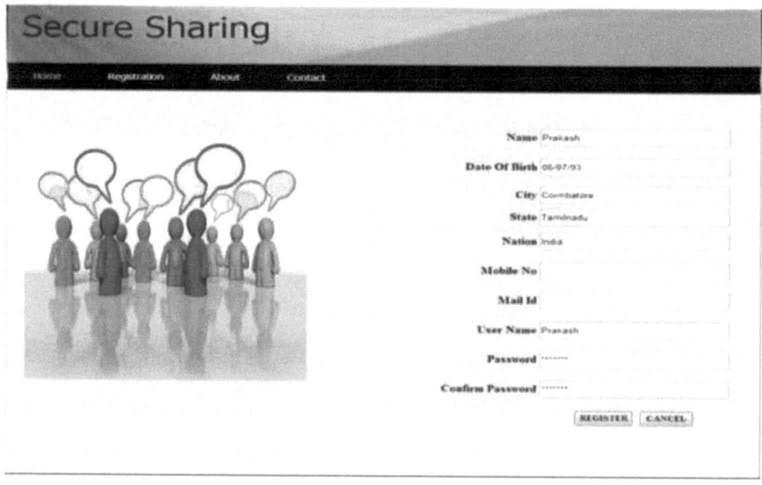

Fig. 15.1: Página de registo:

Trata-se de um formulário de registo para um utilizador individual se registar e obter a sua identidade individual sob a forma de um nome de utilizador e de uma palavra-passe que pode introduzir no seu perfil para carregar o estado e alguns ficheiros.

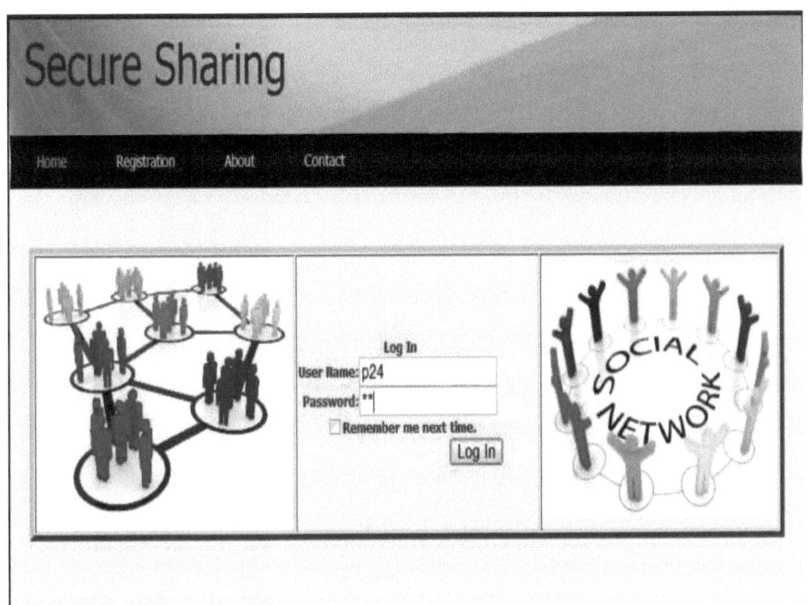

Fig. 15.2 Página de início de sessão do utilizador:

O utilizador introduz o seu nome de utilizador e a sua palavra-passe e, em seguida, inicia sessão na conta. Se o nome de utilizador e a palavra-passe forem introduzidos incorretamente, o início de sessão é inválido.

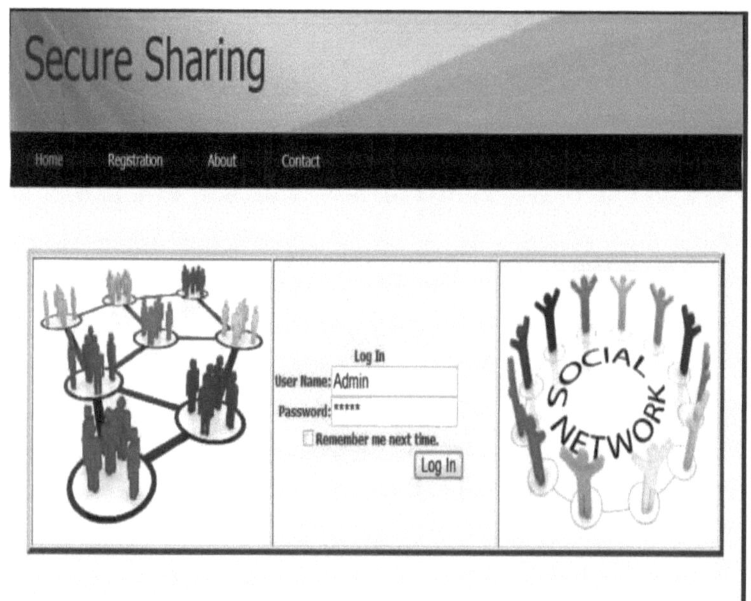

Fig. 15.3 Página de início de sessão do administrador:

O administrador também inicia sessão como os outros utilizadores, mas todas as informações necessárias só podem ser visualizadas pelo administrador. Se o nome de utilizador e a palavra-passe forem introduzidos incorretamente, o início de sessão é inválido.

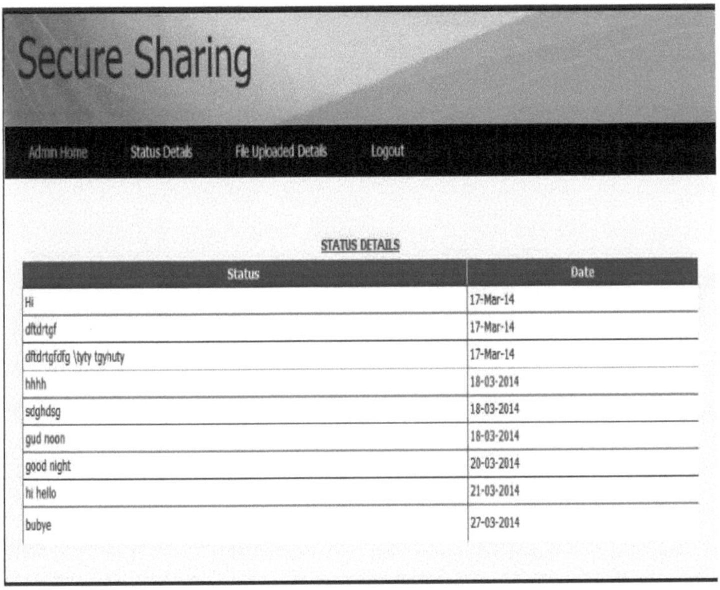

Status	Date
Hi	17-Mar-14
dftdrtgf	17-Mar-14
dftdrtgfdfg \tyty tgynuty	17-Mar-14
hhhh	18-03-2014
sdghdsg	18-03-2014
gud noon	18-03-2014
good night	20-03-2014
hi hello	21-03-2014
bubye	27-03-2014

Fig. 15.4 Página inicial do administrador :

Neste módulo, o administrador pode ver todos os detalhes do estado do utilizador e os detalhes do carregamento de ficheiros.

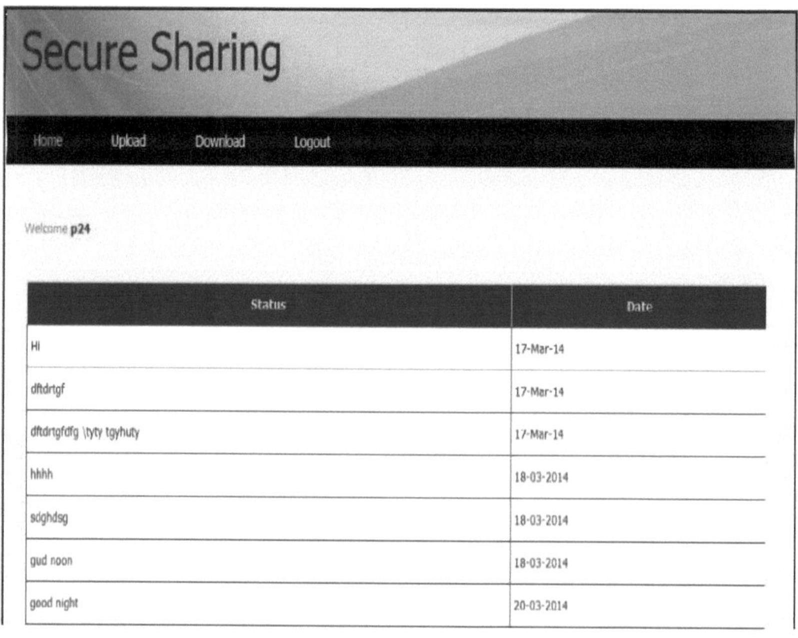

Status	Date
Hi	17-Mar-14
dftdrtgf	17-Mar-14
dftdrtgfdfg \tyty tgyhuty	17-Mar-14
hhhh	18-03-2014
sdghdsg	18-03-2014
gud noon	18-03-2014
good night	20-03-2014

Fig: 15.5 Página inicial do utilizador

Neste módulo, o utilizador pode ver todos os detalhes do estado do utilizador e detalhes para carregar ficheiros.

Fig. 15.6 Detalhes sobre o carregamento de ficheiros:

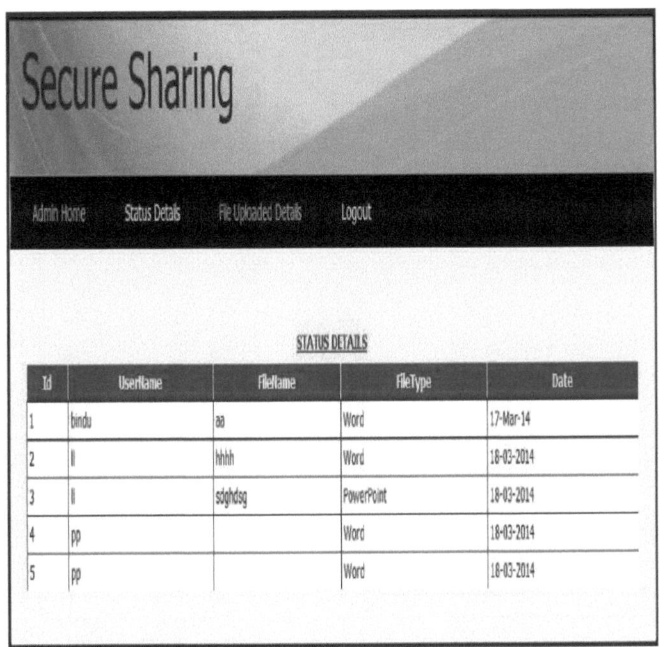

Neste módulo, o administrador pode ver os detalhes do carregamento de ficheiros, que consistem em formatos de ficheiros, nomes de ficheiros e datas.

Carregar:

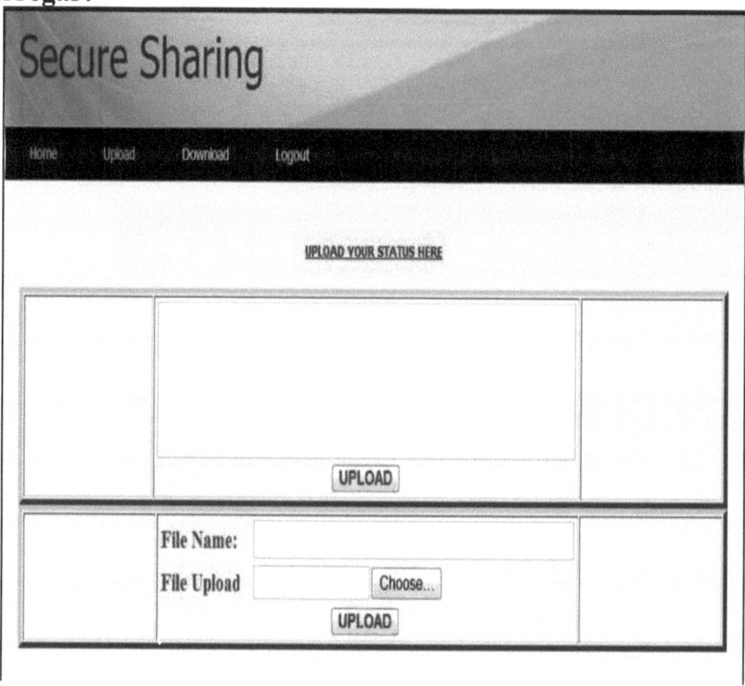

Fig. 15.7: Página de carregamento dos ficheiros do utilizador

Neste módulo, o utilizador pode carregar tanto o estado como os ficheiros em vários formatos.

Descarregar:

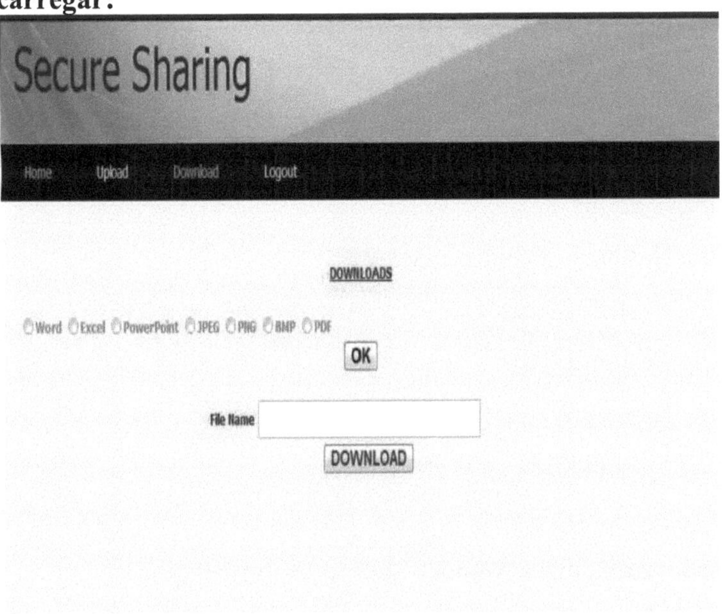

Fig.: 15.8 Página de transferência de ficheiros

Neste módulo, o utilizador pode descarregar ficheiros em vários formatos que tenham sido carregados por diferentes utilizadores.

13.2 PADRÃO DE CODIFICAÇÃO

Admin.cs

```
using System;

using System.Collections.Generic;

using System.Linq;

using System.Web;

using System.Web.UI;

using System.Web.UI.WebControls;

public partial class Admin : System.Web.UI.Page
{
    protected void Page_Load(object sender, EventArgs e)
    {


    }
}
```

Admin master.cs
```
using System;

using System.Collections.Generic;

using System.Linq;

using System.Web;
```

```csharp
using System.Web.UI;

using System.Web.UI.WebControls;

public partial class AdminSite : System.Web.UI.MasterPage

{

    protected void Page_Load(object sender, EventArgs e)

    {


    }

}
```

App.cs

```csharp
using System;

using System.Collections.Generic;

using System.Linq;

using System.Web;

using System.Web.UI;

using System.Web.UI.WebControls;

using System.Data;

using System.Data.SqlClient;

using System.Configuration;

using System.Text;

using System.IO;

using System.Security.Cryptography;
```

```csharp
public partial class App : System.Web.UI.Page
{
SqlConnection con = new
SqlConnection(ConfigurationManager.AppSettings["conn"].ToSt
ring());
 protected void Page_Load(object sender, EventArgs e)
 {
Label1.Text = Session["uname"].ToString();
 bdata();
 }
 protected void bdata()
{
try
{
DataTable dt = new DataTable();
 dt.Columns.Add("Status", typeof(string));
 dt.Columns.Add("Date", typeof(string));
SqlCommand cmd = new SqlCommand("Select * from
StatusDetails", con);
 con.Open();
SqlDataAdapter da = new SqlDataAdapter(cmd);
DataSet ds = new DataSet();
da.Fill(ds, "StatusDetails");
da.Dispose();
```

```csharp
cmd.Dispose();
con.Close();
string pwd = "1234";
int i, count;
count = ds.Tables[0].Rows.Count;
 for (i = 0; i < count; i++)
{
string t1, t2;
t1 = Decrypt(ds.Tables[0].Rows[i].ItemArray[2].ToString(),
pwd.ToString());
t2 = ds.Tables[0].Rows[i].ItemArray[3].ToString();
 dt.Rows.Add(t1.ToString(), t2.ToString());
 } //ListView1.DataSource = dt;
//ListView1.DataBind();
GridView1.DataSource = dt;
GridView1.DataBind();
//Panel1.Visible = true;
 }
 catch (Exception)
{
Response.Write("");
 }
 }
 public string Decrypt(string CipherText, string Password)
```

```csharp
{
    string Salt = "Kosher";
    string HashAlgorithm = "SHA1";
    int PasswordIterations = 2;
    string InitialVector = "OFRna73m*aze01xY";
    int KeySize = 256;
    if (string.IsNullOrEmpty(CipherText)) return "";
    byte[] InitialVectorBytes =
    Encoding.ASCII.GetBytes(InitialVector);
    byte[] SaltValueBytes = Encoding.ASCII.GetBytes(Salt);
    byte[] CipherTextBytes =
    Convert.FromBase64String(CipherText);
    DerivedPassword = new PasswordDeriveBytes(Password,
    SaltValueBytes, HashAlgorithm, PasswordIterations);
    byte[] KeyBytes = DerivedPassword.GetBytes(KeySize / 8);
    RijndaelManaged SymmetricKey = new RijndaelManaged();
    SymmetricKey.Mode = CipherMode.CBC;
    byte[] PlainTextBytes = new byte[CipherTextBytes.Length];
    int ByteCount = 0;
    using (ICryptoTransform Decryptor =
    SymmetricKey.CreateDecryptor(KeyBytes, InitialVectorBytes))
    using (MemoryStream MemStream = new
    MemoryStream(CipherTextBytes))
    {
```

```csharp
using (CryptoStream CryptoStream = new
CryptoStream(MemStream, Decryptor,
CryptoStreamMode.Read))
{
ByteCount = CryptoStream.Read(PlainTextBytes, 0,
PlainTextBytes.Length);
MemStream.Close();
 CryptoStream.Close();
}
 }
 }
SymmetricKey.Clear();
return Encoding.UTF8.GetString(PlainTextBytes, 0, ByteCount);
 }
}
```

REFERÊNCIAS

1. Diversidade estrutural para resistir à identificação de comunidades em redes sociais publicadas Chih-Hua Tai, Philip S. Yu, Fellow, IEEE, De-Nian Yang, Membro sénior, IEEE, e Ming-Syan Chen , Fellow, IEEE.
2. L. Backstrom, C. Dwork, e J.M. Kleinberg, "Wherefore Art Thou r3579x? Anonymised Social Networks, Hidden Patterns, and Structural Steganography", Proc. 16th Int'l Conf. World Wide Web (WWW '07), 2007.
3. D. Chakrabarti, Y. Zhan, e C. Faloutsos, "R-MAT: A Recursive Model for Graph Mining," Proc. Fourth SIAM Int'l Conf. Data Mining (SDM '04), 2004.
4. S. Chawla, C. Dwork, F. McSherry, A. Smith e H. Wee, "Toward Privacy in Public Databases," Proc. Second Int'l Conf. Theory of Cryptography (TCC '05), 2005.
5. J. Cheng, A.W. Fu, e J. Liu, "K-Isomorphism: Privacy Preserving Network Publication against Structural Attacks," Proc. ACM SIGMOD Int'l Conf. Management of Data, 2010.
6. S. Chester e G. Srivastava, "Social Network Privacy for Attribute Disclosure Attacks", Proc. Int'l Conf. Advances in Social Networks Analysis and Mining (ASONAM '11), 2011.
7. Clauset, M.E.J. Newman, e C. Moore, "Finding Community Structure in Very Large Networks", Physical Rev. E., vol. 70, n.º 6, artigo 066111, pp. 1-6, 2004.
8. Dwork, "Differential Privacy: A Survey of Results," Proc. Fifth Int'l Conf. Theory and Applications of Models of Computation (TAMC '08), 2008.
9. B.C.M. Fung, K. Wang, R. Chen, e P.S. Yu, "PrivacyPreserving Data Publishing: A Survey of Recent Developments," ACM Computing Surveys, vol. 42, no. 4, pp. 14:1-14:53, 2010.
10. Gupta, A. Roth, e J. Ullman, "Iterative Constructions and Private Data Release," Proc. Ninth Int'l Conf. Theory of Cryptography (TCC '12), 2012.
11. M. Hay, C. Li, G. Miklau, e D. Jensen, "Accurate Estimativa da distribuição de graus de redes privadas,"

Proc. IEEE Ninth Int'l Conf. Data Mining (ICDM '09), 2009.

12.   M. Hay, G. Miklau, D. Jensen, D.F. Towsley e P. Weis, "Resisting Structural Re-Identification in Anonymised Social Networks", Proc. VLDB Endowment, vol. 1, pp. 102-114, 2008.

13.   V. Karwa, S. Raskhodnikova, A. Smith, e G. Yaroslavtsev, "Private Analysis of Graph Structure," Proc. VLDB Endowment, vol. 4, no. 11, pp. 1146-1157, 2011.

14.   J. Leskovec, K.J. Lang, A. Dasgupta e M.W. Mahoney, "Statistical Properties of Community Structure in Large Social and Information Networks", Proc. 17th Int'l Conf. World Wide Web (WWW '08), 2008.

15.   N. Li, T. Li, e S. Venkatasubramanian, "t- Closeness: Privacy beyond k-Anonymity and l-Diversity," Proc. IEEE 23rd Int'l Conf. Data Eng. (ICDE '07), 2007.

        http://www.windowsazure.com/en-us/

        http://asp.net-tutorials.com/

Índice

Printed by Books on Demand GmbH, Norderstedt / Germany